Zoé Unakim

engste Ängste

Zoé Unakim

engste Ängste

erlauben & erlösen

Trainerverlag

Imprint
Any brand names and product names mentioned in this book are subject to trademark, brand or patent protection and are trademarks or registered trademarks of their respective holders. The use of brand names, product names, common names, trade names, product descriptions etc. even without a particular marking in this work is in no way to be construed to mean that such names may be regarded as unrestricted in respect of trademark and brand protection legislation and could thus be used by anyone.

Cover image: www.ingimage.com

Publisher:
Der Trainerverlag
is a trademark of
International Book Market Service Ltd., member of OmniScriptum Publishing Group
17 Meldrum Street, Beau Bassin 71504, Mauritius

Printed at: see last page
ISBN: 978-620-0-76760-8

Inhaltsverzeichnis[1]:

[1] Vgl. H. Wenig, Die Innere Berührung. Ein Weg zu Freiheit und Frieden, Peiting 2014.

I. Angst vor dem Zusammenbruch[2]:

- Sitzt im Herzchakra
- Eine große schwarze Kugel
- Nimmt den gesamten Brustkorb ein
- Kohleartig rußig
- Dunkel bedrückend
- Erstickt jede Hoffnung bereits im Keim
- Raubt mir meine Lebensfreude
- Verdunkelt und vernichtet alles Lichtvolle
- Einstieg durch die Fontanelle
- Ich zünde ein Licht an
- Oben auf dem Kronenchakra
- Dann im Stirnchakra
- Im Kehlkopfchakra
- Im Thymuschakra
- Schließlich im Herzchakra
- Dort ist es völlig finster
- Die Kugel ist deutlich größer als ich
- Ich bin ca. drei Millimeter groß
- Die Kugel hat einen Durchmesser von 20-30 Zentimeter

[2] 18.02.2020

- Der Kern ist ein gigantischer Planet
- Die Farbe ist ziemlich dunkel: anthrazit bis schwarz
- Die Auswirkung der Kugel ist bedrohlich und traurig
- Beim Nähergehen wird die Kugel kleiner
- Erinnert mich an den „Scheinriesen" aus Jim Knopf
- Mit jedem Schritt der Annäherung schrumpft die Kugel förmlich
- Schließlich wage ich es sie anzufassen
- Sie ist eher hart, eher glatt, eher trocken, eher kühl
- Sie wandelt unter der Berührung ihre Gestalt
- Sie erscheint mir als große schwarze Dogge
- Die Farbe ist nach wie vor Schwarz
- Nun ist der sog. „Kern" weich, glatt, trocken und warm
- Ähnlich dem Fell eines großen schönen Hundes
- Nach kurzer Zeit „schrumpft" der große Hund
- Auf die Größe eines kleinen Hundes (einem Mops ähnlich)
- Die Farbe ist weiterhin Schwarz
- Die Berührung ist samtig weich, glatt, trocken und wohlig warm
- Bei weiterem Streicheln wandelt sie sich in einen schwarzen Kater
- Er ist eindeutig schwarz
- Er hat flauschig weiches Fell, geschmeidig glatt anzufassen
- Das Fell ist trocken und kuschelig warm
- Danach wandelt es sich in ein kleines schwarzes Kaninchen

- Ebenfalls schwarz, samtig weich, glatt, trocken, kuschelig warm
- Es wird beim weiteren Streicheln immer kleiner
- Übrig bleibt eine Art schwarze „Fluse“
- Sie löst sich in Wohlgefallen auf
- Nachdem alles „verschwunden“ ist
- Befinde ich mich in einer großen Höhle
- Es breitet sich eine große Erleichterung aus
- Ein Gefühl von Freiheit und Weite macht sich breit
- Ich erinnere mich an die Worte von Kiriku
- Nach dem Sieg über die Zauberin: „Ich habe gewonnen!“
- Ich habe es „geschafft“, es ist mir „gelungen“
- Ein sehr angenehmes Gefühl stellt sich ein
- Verbunden mit einer leichten Erschöpfung nach getaner Arbeit
- Ich habe das Bedürfnis mich ein wenig auszuruhen

II. Angst vor Paranoia[3]:

- Sitzt in der linken Brust
- So groß wie die gesamte linke Brust
- Einstieg durch Fontanelle
- Abstieg in Einzeletappen
- Von Chakra zu Chakra abwärts
- Steht da wie ein Wolkenkratzer (3 Meter Entfernung)
- Wie ein Wohnhaus (2 Meter Abstand)
- Wie ein Barbiehaus (1/2 Meter Abstand)
- Fühlt sich holzig an
- Rauh, uneben, kühl, hart, rissig
- Ähnlich wie eine OSB-Platte
- Gefahr des Splitterziehens beim Streicheln
- Übrig bleibt Sägespäne
- In die Ritze schieben
- Bis alles verschwunden ist
- Erleichterung
- Viel Platz
- Hell leuchtend
- Canyon artig

[3] 19.02.2020

- Rot-orangefarben
- Warme Töne
- Voller Schönheit
- Erwärmt mir das Herz
- Sehr wohltuend

III. Angst vor Neid[4]:

- Sitzt im Stirnchakra
- So groß wie der gesamte Kopf
- Füllt den Kopf komplett aus
- Fußballgroß hart
- Kein Einstieg oben möglich
- Einstieg durch den Mund
- Angst davor erdrückt zu werden
- Gigantische Größe
- Betonartige Härte
- Riesiger Mehlsack
- Kleiner Stressball
- Mehlsäckchen
- Pudrig weich
- Mehl => Staub
- Wegwischen
- In den Boden fegen
- Hand auflegen
- Beruhigung
- Loslassen

[4] 19.02.2020

- Mein Kopf ist frei
- Ich bekomme Luft
- Raum: Kathedrale

IV. Angst vor Eifersucht[5]:

- Sitzt im Sakralchakra
- Großer Gymnastikball
- Verstopft mir den Unterleib
- Eintritt in Vagina
- Angst vor dem Ersticken
- Überdimensional groß, wabbelig, dunkelblau
- Große blaue Sporthallenmatratze
- Dick gepolstert, Wasserbettähnlich
- Anschließend dunkelblauer runder Gymnastikhüpfball
- Gymnastik-Sitz-Noppen-Kissen
- blau, fest, leicht schwabbelig
- Winzig kleine blaue Schildkröte
- Sie schrumpft während des Streichelns
- Übrig bleibt der Schildkrötenpanzer
- Äußerst hartnäckig
- Will nicht verschwinden
- Will als Relikt übrig bleiben
- Er schrumpft auf mikroskopische Größe
- Bleibt am Zeigefinger haften

[5] 19.02.2020

- Ich muss ihn als Staubkorn beerdigen
- Lege meine Hand auf
- Bis sich alles beruhigt hat
- Nun ist die Angst vollständig verschwunden
- Es ist ein neuer großer Raum in meinem Unterleib wahrnehmbar
- Tiefe blaue Grotte mit See
- Glitzert / funkelt
- Tropfsteinhöhlenartig / Schatzkammer

V. Glaube an Mangel[6]:

- Sitzt im Brustraum
- Schwarze große dunkle Kugel metallisch glänzend
- Ich kann keine Luft mehr bekommen / Atemnot
- Kann nicht mehr atmen / akute Bronchitis
- Spastische asthmatische Anfälle / Pumpspray
- Eingang nur durch den Bauchnabel möglich
- Oben ist „alles zu“ / alles dicht
- Nach dem Eintritt: weiterhin große schwarze Kugel
- Dunkel kalt glatt riesig groß glänzend
- beeindruckend und viel Raum einnehmend
- wandelt sich beim Betrachten in einen großen Haufen Stroh
- rau hart struppig gelb golden leuchtend stechend stachlig
- wird zu einem großen runden Strohballen
- wird zu einem kleinen eckigen Strohballen sticht und piekst
- verwandelt sich in einen Golden Retriever weich flauschig
- wird zu einem kleinen „Puggle“ Welpen niedlich soft
- langes ausgiebiges Streicheln
- übrig bleibt ein Häufchen Stroh
- wandelt sich in Streichhölzer

---

[6] 23.02.2020

- klein hart holzig mit Splittern hellgelb mit rotem Kopf
- Streichhölzer lösen sich nach und nach in Wohlgefallen auf
- Übrig bleibt die Farbe / der Staub der roten Köpfe
- Streiche alles zusammen / befürchte Flammenbildung
- Es entsteht jedoch keinerlei (Ent-)Zündung
- Ich kann den roten Staub wegstreichen
- Nichts bleibt mehr übrig
- Gut so

VI. Glaube an Einsamkeit[7]:

- Sitzt im Hals
- Zeitungsball
- Verstopfung
- Kann nicht mehr schlucken
- Eingang: Höhle zwischen den Schlüsselbeinknochen am Hals
- Alles zu / dicht / wie aus Beton / Pfropf / verkorkter Flaschenhals
- Wie ein Silo / zementiert / undurchdringlich / bedrohlich
- Substanz verändert sich plötzlich / wird wabbelig
- Wackelpuddingartig / Vanillepuddingfarben
- Geht ab wie ein Schleimpfropf vor der Entbindung
- Vor mir ein Haufen Schleim und Eiter / eklig
- Helle Substanz / wirkt abstoßend
- Ich will es nicht anfassen müssen
- Ansteckungsgefahr
- Vanillepudding in Gugelhupfform
- Weigere mich noch immer es anzufassen
- Vermutlich wohl temperiert / gelb / glatt / glibbrig / geschmeidig
- Verändert sich erneut: schmieriger Schleim
- Weich / warm / empfindlich

[7] 29.02.2020

- Wandelt sich in Klebstoff / verreibe es / es trocknet
- Ich kann es abkratzen / es zerfällt zu Pulver
- Ich reibe es weg
- Plötzlich ist Platz da / ich bekomme wieder Luft
- Sieht aus wie ein großer Turm
- Ich blicke hoch / nach oben ist alles offen
- Schutz / Stärke / Offenheit / Aufrichtigkeit
- Klarer Ausblick / Atem / Gefühl von Freiheit

VII. Angst vor Ablehnung[8]:

- Sitzt in den Brüsten
- Zwei große nackte Brüste
- Angsterregend / Scham / Beschämung
- Angst vor Verletzung / Verwundbarkeit / Preisgabe
- Kein Eingang möglich / kein Eingang nötig / alles außen vor
- Ich stehe auf dem Solarplexus / umgeben von weiter Landschaft
- Eisberge / alles voller Schnee / keine Sicht / Schneegestöber
- Eisige Kälte / Schneewehen / alles weiß / wie am Nordpol
- Orientierung verloren / stehe zwischen den Brüsten / Schutz
- Anderes Klima, keine Kälte, Wärme, Geborgenheit, wohlig warm
- Neue Sichtweise / zwei Kuppeln / zwei Gebäude / Gewölbe
- Eingang Treppe abwärts / ich gehe die Treppen herab / trete ein
- Warme Erdfarben / Terra cotta / Sakralbau / Basilika
- Schöner Lichteinfall / angenehme Helligkeit
- Gong / Klangschale / gute Akustik / Klang / Hall / Echo / Stille
- Alles vibriert / bis in die Kuppelspitzen hinein
- Klangball aus Metall / ich lege meine Hände auf
- Es klingt und schwingt / Vibrationen durch ganzen Körper
- Berührung: golden / hart / kühl / angenehm / glatt

[8] 29.02.2020

- Kleine Trompete / ich spiele einen Ton / es klingt warm
- Maultrommel / ich setze es an die Lippen / lasse es klingen
- Fingerhut, golden, klein, ich setze ihn auf den linken Zeigefinger
- Mit dem Zeigefinger zerreibe ich den Fingerhut zu Goldstaub
- Es glänzt sehr schön und golden / ich wische den Goldstaub weg
- Es bleiben Gefühle von Stolz / Erhabenheit / Schönheit
- Ich gehe aufrecht / keine Scham mehr / Fülle / Reichtum / Präsenz
- Alles zeigen dürfen / nichts verborgen halten / Würde

VIII. Glaube an Vernichtung[9]:

- Sitzt im Herz / steinerne Faust
- Eingang Solarplexus / Torbogen aus Stein
- Felsmassiv / unbezwingbar / Festung / Grotte / dunkle Kathedrale
- Mein Herz schlägt vor Angst
- Werde ich vernichtet oder werde ich vernichten?
- Ein Stein voller Blut / ein Opferaltar / Blutopfer
- Kultstätte des Todes / Blut getränkt
- Hier wurde ich bereits etliche Male geköpft und hingerichtet
- Bereitschaft zu töten oder getötet zu werden
- Muss ich den Kopf auf den Stein legen oder bleibe ich verschont?
- Verwicklung in endloses Opfer-Täter-Spiel
- Hier brachte ich ebenfalls selbst Opfer dar
- Nun bin ich zum ersten Mal nicht als Opfer oder Täter hier
- Sondern als bewusster Zeuge außerhalb des Spiels
- Kalt / nass / feucht / glatt / dunkel / harter Felsen
- Ich lege meine Hand auf / Schreie aus dem Stein / große Kämpfe
- Ort des Grauens / grauenvoller Ort
- Ort des Tötens und Schlachtens
- Hier wurden viele dem Tode geweiht

[9] 29.02.2020

- Der Stein wandelt sich in einen großen Zahn
- Backenzahn mit Wurzel tief in der Erde
- Verwandlung in weiches goldfarbenes Mehl
- Hier wird Brot gebacken / Backstube / Pizzabäckerei
- Dieser wandelt sich in einen dunkel gebackenen Laib Brot
- Ich verspüre Hunger / am liebsten würde ich davon kosten
- Vor mir liegt eine knusprig weiche Scheibe Brot
- Ich lege die Hand auf
- Die Brotscheibe löst sich in Wohlgefallen auf
- Ich stehe mitten in einer wunderschönen Landschaft
- Alles ist offen / frei / herrliche großartige Natur um mich herum
- Licht / Schönheit / Anmut

IX. Glaube an Verzweiflung[10]:

- Sitzt im Kopf / der ganze Kopf ist voll
- Gespaltenes Bergmassiv / nimmt alles ein
- Droht zu bersten / platzen / sprengen / übt großen Druck aus
- Eingang nur durch Kehlkopf möglich
- Riesiger schwarzer Koloss
- Bei näherer Betrachtung schrumpft er auf Kugelstoßkugel
- Kalt, metallisch glänzend, dunkel, schwarz, glatt
- Dann auf Größe einer Murmel, schwarz, glatt, kalt
- Es erfolgt die Berührung: kalt, glatt, hart, fest
- Nun sieht es auch wie eine Pullmoll-Pastille
- Deutlich kleiner, dunkelbraun, rundlich-oval, kühl, glatt, fest
- Es verwandelt sich in Kakaopulver
- Schokoladenbraun, weich, geschmeidig, warm, pulverförmig
- Es löst sich auf, wird unsichtbar, verschwindet
- Es ist nichts mehr zu sehen
- Nun ist viel Platz gewonnen
- Der Kopf ist FREI
- Ein leerer Kopf
- Er darf sich mit neuen Ideen anfüllen

---

[10] 20.03.2020

- Vision von einem Planetarium
- Eine Art Sternwarte
- Mit FREIER SICHT auf ALLES
- Einsicht und Aussicht
- Klarsicht

X. **Glaube an Bedrohung[11]:**

- Sitzt im Kehlkopfchakra
- Kugelstoßkugel rostig grau braun metallisch rau hart schwer
- Eingang nur durch linkes Nasenloch möglich
- Rutsche durch linkes Nasenloch hinein
- Alles andere ist „zu" dicht verstopft
- Sieht aus wie ein riesengroßer sog. „Coronavirus"
- Heiß rot glühend Vulkanlava speiend
- Hexelkessel sehr bedrohlich
- Droht mich zu zerquetschen und zerdrücken
- Schrumpft bei Beobachtung zu einem Tierchen
- Wie ein kleiner Seeigel verletzend stachlig
- Wie ein Esskastaniengehäuse pieksig braun
- Verwandelt sich bei der Berührung weiter
- Bommelartig flauschig wollig weich rosafarben
- Bei weiterer Berührung wird daraus rosafarbenes Pulvermehl
- Samtig weich, trocken, pudrig
- Benötigt enorm viele Streicheleinheiten und Behandlungen
- Verschwindet schließlich in der Ritze eines Holztisches
- Anschließend schließt sich auch die Ritze im Holz

[11] 23.03.2020

- Alls ist weich, glatt, eben, plan
- Sog. „Tabula rasa“ bzw. „banca rotta“
- Nachdem sich alles aufgelöst hat bleibt ein riesiger Turm
- Licht fällt ein, durch den oberen Schacht, Verbindung entsteht
- Es ist alles offen und frei / zwischen Kopf und Körper
- Der Kanal wurde gereinigt / die Pranaröhre ist durchlässig
- Energie kann fließen / Luft strömt ein / hell, klar, sauber, rein
- Katharsis

XI. Glaube an Empörung[12]:

- Sitzt zentral im Herzchakra
- Ausufernd über Thymusdrüse, Kehlkopf und Solarplexus
- Starke Wallungen von Wurzelchakra bis Scheitelchakra
- Alles bebt vor Wut, Aufregung und Empörung
- Das Blut wallt in mir, große Hitze breitet sich aus
- Rot-glühender Lava-Feuer-Ball
- Heiß, feurig, verschlingend, gefährlich wütend
- Hinter(n)Eingang, Anus, rektal
- Brodelnd, kochend, Naturgewalt, Theophanie
- Mein tiefer Einblick: ROHE KRAFT
- GROSSE ENERGIE, GEWALTIG, STARK
- SO VIEL KRAFT STECKT IN MIR
- LICHT / ENERGIE / FEUER
- Ich bin beeindruckt
- Ich nehme es bewusst wahr
- Ich WERT-SCHÄTZE mich selbst
- Ich achte mein SELBST, Selbst-Wert
- „BIST DU ABER STARK!" „WAS BIN ICH STARK!"
- **„ICH BIN STARK!"**

[12] 24.03.2020

- Ich nehme mich an wie ich bin
- Ich erkenne meine Kraft an
- Eine WILDE unbändige feurige LEIDENSCHAFT, unkontrollierbar
- Enttarnt, entlarvt, unberechenbar, antriggerbar, out of control
- Feuerriese, roter Drache, kugelt sich zusammen, Embryo
- Drachen-Ei, pulsiert, lebt, warm, raue Glätte, weiche Härte, weiß
- Es glüht in mir tief im Herzen, von Kopf bis Fuß, Zentrum im Herz
- Berührung: weißes Ei, hart, rau, kühl
- Beruhigung, Kontrolle, Entwarnung, klein
- Kleiner Drache kommt zur Welt
- Schwarz-rot, Feuersalamander, glatt, glänzend, schuppig
- Streicheln, wird kleiner, Kaulquappe mit schwarzen Beinchen
- Danach ein winziger Floh, anschließend ein schwarzer Punkt
- Dann ist er ganz weg, verschwunden
- PLATZ für ein ganzes Weltall
- Heart as wide as the world
- Größe, Weite, Ausdehnung
- Enorme unendliche GRÖSSE
- Waches Bewusstsein, Selbstbewusstheit, **PRÄSENZ!**
- „JA, DAS BIN ICH! UND DAS IST GUT SO!“
- Und siehe, es war / es ist SEHR GUT!!!
- Selbst-Annahme, Selbst-Akzeptanz, Selbst-Liebe

- ENT-SPANNUNG, GELASSENHEIT, FREIHEIT, FRIEDEN
- GLÜCK, SEGEN, FÜLLE, REICHTUM

XII. **Angst vor Fehlern[13]:**

- Sitzt im Kopf
- Alles voller Rotz und Blut und Schleim
- Hartnäckig, dicht, fest, zu
- Bild: gelatineartiger Glibber
- Kalt, matschig, weich, durchsichtig
- Verstopft alles, verhindert alles
- Eingang durch linkes Nasenloch
- Wie Rüsseltierchen aus Kiriku und die Zauberin
- Saugt Quelle aus, füllt sich ein, füllt alles aus
- Dicke fette große Qualle
- Will mich erdrücken
- Greift nach mir, mit Tentakeln
- Will mich vereinnahmen
- Bei Betrachtung reduziert es sich auf die rechte Kopfhälfte
- Linke Kopfhälfte ist bereits frei
- Ich stehe links, rechts befindet sich die Glibbermasse
- Ich fasse an, sie gibt nach, saugt mich ein, ich tauche hinein
- Gallertartige Masse Ozeangroß
- Ich suche alles ab, tauche zur rechten Ohrspeicheldrüse
- Dort steckt etwas fest – ein Stöckchen, ich ziehe es hinaus

---

[13] 27.03.2020

- Es beginnt abzufließen, Verstopfung gelöst
- Endlose lange Metallkette entdeckt
- Mit rundlich ovalen Verdickungen
- Unter Anstrengung und großem Einsatz mit viel Kraft
- Ziehe ich diese Kette mühsam heraus
- Luftschacht zeigt sich, Luft strömt ein
- Belüftung im Kopf beginnt, es zirkuliert ein Luftstrom
- Verkleinerter Schleimhaufen (Rest / Übrigbleibsel)
- Qualle anfassen
- Glibberig, wabbelig, fest, hart, warm, transparent
- Kleines durstiges Tierchen, unwissend
- Anrede: „Armes, kleines, durstiges Tierchen!““
- Fragestellung: „Hast du so einen großen Durst gehabt?“
- Einfühlung: „Wolltest du dich so gerne SATT trinken?“
- „Hast du damit so einen großen Schlamassel angerichtet …?“
- „Hast du dich so sehr da durch fressen müssen …?“
- „Hast du den Ausgang nicht mehr finden können …?“
- Mitgefühl: „Bist du so lange eingesperrt gewesen …?“
- „Hast du so sehr um dein Leben kämpfen müssen …?“
- „Hast du niemanden gehabt, der dir hilft …?“
- „Warst du so lange ganz allein …?“
- „Du armes kleines Tierchen!“

- „Jetzt hast du es geschafft!“
- „Jetzt bist du FREI!“
- „Jetzt darfst du gehen!“
- „Das schaffst du!“
- „Zeig dich mir wie du bist!“
- Entpuppung / Entlarvung / Enttarnung / Entdeckung
- „Kleiner Schmetterling, FLIEG INS LEBEN!“
- „Kleiner Marienkäfer, mach dich AUF DEN WEG!“
- „Kleine Libelle, mach dich auf IN DIE FREIHEIT!“
- „Kleine Honigbiene, such dir DEINE BLÜTE!“
- „Ihr seid nun frei! FLIEGT HINAUS!“
- Alle weg / LUFT / ATEM
- Kopf ist nun FREI bis obenhin
- Luft durchströmt kühl
- Ich kann die Augen wieder öffnen
- Mein Blick ist befreit
- Ich blicke frohgemut ins Leben
- Ich habe einen kühlen Kopf
- Ich kann klar denken, klar sehen und wahrnehmen
- Ich bin mir meiner SELBST bewusst
- Ich bin mir über mich im KLAREN
- Ich bin mit mir selbst im REINEN

- Amen

XIII. Angst vor Dämonen[14]:

- Sitzt im Herz
- Herz rast doll
- Pulsiert bis zum Hals und Kopf
- WUT kocht hoch
- Hitze wallt aus
- Feuerglut
- Vulkan kocht und brodelt
- Kurz vor dem Ausbruch
- Eruption aus Kronenchakra heraus
- Oberes Ende der Pranaröhre
- Ich bebe / mein Leib bebt / die Erde bebt
- Einstieg durch Bauchnabel
- Stollen / Schacht / Kanal
- Tunnelgänge / Labyrinth / Pyramide
- Solarplexus / Herzchakra
- Riesen-Feuerball / Planet
- Roter Riese!
- Sonne / Stern
- Orange / glühend / heiß / glatt
- Mein Herz / rot pulsierend

[14] 28.03.2020

- „Tapfer bist Du!“
- „Wacker schlägst Du Dich!“
- „Das hast du TOLL gemacht!“
- „DIR gilt mein aufrichtiger DANK!“
- RESPEKT! / WÜRDE!
- „ruhig Blut!“ / „alles gut!“
- Berührung: heiß / feurig / blutrot
- „Was bist du so unruhig in mir – meine SEELE“
- „HARRE auf GOTT – er wird´s WOHL machen!“
- Hand auf´s Herz!
- „Du wärmst mich“ / „Du nährst mich“
- „Du kämpfst für mich“ / „Du schlägst für mich“
- „ICH WILL AUF DICH HÖREN!“
- „ICH WILL DIR VERTRAUEN!“
- „ICH WILL DIR FOLGEN!“
- „Zeig mir meinen Weg!“
- „Zeig mir meine Wahrheit!“
- „Zeig mir mein Leben!“
- „ICH BIN BEREIT!“
- „Weiche von mir – Satan!“
- Schwarzer Staub und Ruß
- Ich muss husten

- Ich streichle und klopfe
- Zäh / langwierig / hartnäckig / ausdauernd
- Rhythmus / Beat
- Staub löst sich auf
- Verschwindet vollständig
- Aus dem Kronenchakra heraus bildet sich eine goldene KRONE
- Pranaröhre öffnet sich
- LICHT kommt von oben bis unten
- Verbindung von Himmel und Erde
- Siehe, ein neuer Himmel!
- Siehe, eine neue Erde!
- Ich bin die Mittlerin / Königin
- SOL´ISHA / Sonnen-Frau / Sternen-Frau
- „MEIN HERZ IST REIN!"
- Soll niemand drin wohnen
- Als `IESOUS allein
- ICH BIN DEIN
- Nimm mich / führe mich / leite mich
- Nach Hause / zurück zu GOTT
- BASILEIA TOU THEOU
- Das Himmelreich ist INWENDIG IN MIR!
- AMEN

XIV. Glaube an das Übel[15]:

- Pech und Teer
- Krake sitzt im Kopf
- Erstreckt sich über den ganzen Körper
- Eingang linkes Nasenloch
- Krake zieht Tentakel ein
- Schrumpft und vergeht
- Nur Tropfen eines größeren Gebildes
- Hochhaus / mächtig / das BÖSE
- Hämisch / überlegen / grinsend / braun
- Ich bin klein / muss aufwärts schauen
- Fratze blickt höhnisch auf mich herab
- Triumphierend / erhaben / selbstgefällig
- Ich blicke es an / ich werde groß
- Das Hochhaus schrumpft auf ein Brikett
- Rußig / kohlig / schwarz / hart / fest / kalt
- Berührung / streicheln / anfassen
- „Armer schwarzer Kater"
- Versteinertes Herz / verbrannt / aschig
- Hatte sich vor zu viel Liebe selbst verzehrt
- Mein Mitgefühl

---

[15] 01.04.2020

- Übergroße Leidenschaft
- Großes starkes Verlangen und Begehren
- „Du armes Herz!“
- Wie süß / wie lieblich / wie rein
- Herz aus Glas / durchsichtig / Anhänger
- Glatt / geschmeidig / kalt / weich
- Kleiner funkelnder Edelstein
- Brillant / Kristall / Diamant
- Einzelne Sandkörnern / zerrieben / pudriger Sand
- Ruß / Staub / weg
- Mein Körper ist frei / nun
- Licht durchströmtes Gebäude
- Klosterruine Eldena
- Unten wächst Gras / oben der Himmel
- Sonnenschein / Vögel / Leben in der Kathedrale
- Luft / Atem / Erleichterung / Befreiung / viel Platz
- Nun sehe ich alles hell und klar
- ICH BIN / inmitten von Gottes Natur
- Gottes Schöpfung / Geschöpf Gottes
- Göttliche Schöpferkraft IN MIR!
- Durchströmt vom Bewusstsein Gottes
- Christus-Bewusstsein in mir

- ICH BIN LICHT! / AMEN

XV. **Glaube an das Scheitern[16]:**

- Sitzt im Herz
- Schwarze Suppe / Kloakenbrühe
- Schwer wie Blei
- Zementdecke / zubetoniert
- Jauchegrube / zuasphaltiert
- Alles im Keim erstickt
- Eingang durch Rippenbogen links
- Alles dunkel / finster / bedrückend
- Ich kann nichts sehen / erkennen
- Ich gebe auf / will mich verkriechen
- Wie Kiriku / in den Maulwurfgängen / unter Tage
- Unwissend / kurz vor seinem Durchbruch
- Ich stochere / es rieselt / ich klettere heraus
- Kohletagebau / ich kann mich aufrichten
- Ich stehe in einer dunklen Grotte
- Spuk / Schattengestalten an den Wänden
- Angst / ich schaffe es nicht / es geht nicht weiter
- Ich stelle fest / es gibt kein Entkommen
- Dies könnte mein Grab sein / werden
- Lebendig begraben

---

[16] 02.04.2020

- Von irgendwoher kommt Licht
- Platons Höhlengleichnis
- Riesenfratzenkoloss / Megalith
- Felsensäule / Götterstatue / steingrau
- Ich betrachte / es schrumpft / Amulett
- Kettenanhänger aus Jade
- Klein / grün / glatt / kühl / hart
- Berührung / Streicheln
- Daraus wird grobes Pulver
- Gewürz / Glutamat
- Mehlig / samtig weich
- Ritze / klopfen / alles weg
- Canyon / Licht / Wärme / orange
- Geborgenheit / Monash
- Ich bin in Gottes Schutz
- Ich bin wohl behütet
- Dies Kind soll unverletzet sein
- Dein Wille soll / kann / darf / wird geschehen
- Vertrauen / Mona´Oha
- Dankbarkeit / An´Anasha
- Ich bin unermesslich geliebt / Ani oheved odrach
- Ich bin das Beste, das die Erde trägt / Sol´Avana

XVI. Glaube an Hass[17]:

- Herzchakra
- Linke Körperhälfte
- Flächenbrand
- Eingang rechtes Nasenloch
- Atomreaktor bebt
- Alles wankt und wackelt
- Schutzkuppel steht kurz vor dem Bersten
- Es droht ein Super-GAU
- Ich befinde mich im Herz-Chakra auf der rechten Seite
- Ich bin ganz winzig
- Reaktor steht auf einem Vulkan
- Eruption Vulkan / Detonation Reaktor / Explosion
- Feurig rote Lava strömt aus
- Großer Atompilz steigt empor
- Ich bin extrem beeindruckt
- Solch eine geballte Ladung
- Was für eine KRAFT
- Welch gewaltige ENERGIE!
- Dies alles steckt in mir fest
- Und will sich entfalten / ausagieren / endlich zeigen dürfen

[17] 02.04.2020

- Diese KRAFT will gelebt sein / werden
- Voller INBRUNST
- Mein Herz will ALLES geben dürfen
- Nichts mehr zurück halten müssen
- Verstecken / verheimlichen / verbergen
- Unterdrücken / Verbieten / für tot erklären / verleugnen
- SO DARF ICH SEIN
- DAS BIN ICH
- In mir steckt unbändige LEBENS-ENERGIE
- Dies darf / soll / muss ich endlich anerkennen
- Entgegen aller Dogmen und Lehrmeinungen
- Betrachten des Pilzes
- Er nimmt kleinere Dimensionen an
- Er wird zu einem Champignon
- Klein, lieblich, weiß, weich, samtig
- Ich bin in meine/r Größe gewachsen
- Das Größenverhältnis hat sich umgekehrt
- Streicheln des gezähmten Pilzes (Funghi) / behaglich
- Ich bin ruhiger geworden
- Es hat sich in mir beruhigt
- Ich komme allmählich zur Ruhe
- Weicher weißer Staub / Puder / Ritze

- Alles ist verschwunden / rein
- Ich stehe am Ufer eines großen Flusses
- Das Wasser fließt vorüber
- Weiter Horizont
- Sonnenschein
- STRÖMEN
- Panta rei (griechisch) / alles fließt
- Ich setze mich auf eine Bank
- Schließe die Augen
- Nehme mit allen Sinnen wahr
- Atme ein und aus
- Umgeben von allen Elementen
- Sonne – Feuer
- Atem – Luft
- Fluss / Strom – Wasser
- Land – Erde
- Ich spüre tiefen Frieden / deep peace / Tarados
- Und HARMONIE / HAR´ATORA
- Ich selbst ruhe in Gelassenheit / Tana´atara
- Und verweile im Hier und Jetzt
- Dankbar / An´anasha

XVII. Angst vor dem Durchdrehen[18]:

- Sitzt im Kopf
- Karussell dreht sich schneller / Zentrifuge
- CERN / Genf / Teilchenbeschleuniger
- Zerreißprobe
- Schreien wollen / müssen / nicht dürfen
- Einstieg durch rechtes Nasenloch
- Hubschrauber-Rotorblätter aus japanischen Stahlmessern
- Tödliche Wucht
- Wollen mich zerhackstücken
- Kein Ausweg in Sicht
- Genaue Beobachtung / Betrachtung / Bewusstsein
- Verwandlung des Hubschraubers in eine Libelle
- Grün / schwirrend / stechend / gefährlich
- Verwandelt sich in glitzernden Käfer
- Wird zu kleinem glitzernden schimmerndem Käfer
- Es bleibt ein glitzernder Krümel / Punkt
- Auch er verschwindet
- Ich befinde mich in einer Kuppel-Halle mit gutem Sound
- Konzertsaal mit guter Akustik
- Phil-Harmonie mit Klangerlebnis

[18] 03.04.2020

- Ich töne / alles vibriert und schwingt
- Klangwellen breiten sich aus
- Alles lebt und atmet / oszilliert
- Nudra-Zentra-Ektares
- Heiliger Gral des perfekten Tones
- OM / ewiger Klang
- Ewiger Moment / Augenblick der EWIGKEIT
- Nyn estin (griechisch) / JETZT

Printed by Books on Demand GmbH, Norderstedt / Germany